VILLE DE TOURCOING.

POSE DE LA PREMIÈRE PIERRE

DU

Nouvel Hôtel-de-Ville.

15 AOUT 1866.

DISCOURS

DU MAIRE.

Messieurs,

A une époque encore peu éloignée, notre cité n'était qu'un village. Il y a à peine un demi-siècle qu'on la désignait sous le titre de bourg ou de petite ville. Aujourd'hui, l'accroissement considérable de la population, les progrès rapides de l'industrie, l'augmentation de la fortune publique en ont fait une ville plus importante que bien des chefs-lieux de département. Mais l'aspect de nos rues étroites et de nos établissements publics se ressent de l'origine de notre cité. Nous avons à entreprendre une œuvre immense qui, pour être menée à bonne fin, exige une longue suite d'années. En effet, nous ne pouvons nous dispenser de construire des édifices municipaux répondant aux exigences du présent et de l'avenir; nous devons élargir les rues étroites, percer des voies de communication qui permettent une circulation facile, ouvrir des places et des squares, ces jardins de l'ouvrier où ses enfants vont puiser la santé et la vie; nous avons, en un mot, à créer une cité n'existant véritablement encore que par l'importance de sa population, de son commerce et de son industrie.

Autrefois, ce qui constituait une ville, c'était une charte communale, consécration solennelle des droits et des garanties dont la bourgeoisie devait jouir; c'était une magistrature prise dans son sein; une juridiction; une milice urbaine; des fortifications; un beffroi où veillaient nuit et jour des bourgeois chargés du guet: une cloche, un hôtel-de-ville, un scel, des armoiries; quelquefois même le droit de battre monnaie.

Aujourd'hui nos centres de population n'ont plus à se garantir des périls d'une surprise, ni à s'armer pour défendre leurs droits, la commune n'a plus sa physionomie guerrière du moyen-âge et elle se trouve constituée par l'église, la mairie et son organisation municipale. Ce qui distingue un village d'une ville, c'est l'importance de la population et des édifices publics et, parfois, comme au moyen-âge, une enceinte de murailles.

Pour donner satisfaction aux sentiments religieux de notre population, des sommes considérables ont d'abord été consacrées aux églises; nous avons dû ensuite songer à l'établissement d'un nouvel hôtel-de-ville en rapport avec le développement de notre population et de notre industrie. C'est en entrant dans cet ordre d'idées, que nous avons proposé, il y a trois ans, l'érection d'un palais municipal, dont nous venons poser aujourd'hui la première pierre.

Nous ne rappellerons pas l'urgente nécessité de cette construction, l'insuffisance des locaux actuels pour l'administration, l'exiguité du tribunal de justice de paix, l'insalubrité des ignobles prisons; ce sont ces graves motifs qui ont déterminé le conseil municipal à voter le projet du nouvel hôtel-de-ville, après avoir donné satisfaction à la religion, en édifiant des églises; à l'instruction primaire gratuite, en ouvrant des écoles et des salles d'asile; à la voirie urbaine, en perçant des rues; à l'industrie, en établissant une distribution d'eau qui assure désormais sa prospérité.

La construction d'un édifice public demande toujours de nombreuses études; mais lorsqu'il s'agit d'un hôtel-de-ville, il faut satisfaire à de si nombreux services et à de telles nécessités, que l'examen d'un pareil projet exige les plus longues et les plus sérieuses méditations. Les plans du monument, dont vous voyez déjà les grandes lignes tracées, ont été mis deux fois au concours. De ces études multiples, il est résulté la conviction qu'il fallait un terrain d'une vaste superficie, non seulement pour les services présents, mais encore pour ceux de l'avenir. L'expérience du passé doit d'ailleurs nous servir de guide et nous empêcher de commettre des fautes irréparables. Vous n'ignorez pas que la mairie actuelle fut construite en 1718 et qu'il n'y a pas un demi-siècle qu'elle fut agrandie.

En 1829, un maire intelligent et actif, l'honorable M. Destombes-Rousselle, faisait décider l'établissement d'une route de 12 mètres de largeur vers Roubaix. Il fallait dépenser une somme considérable et l'œuvre était conçue alors dans des proportions convenables. Il n'y a pas trente-six ans que la route est faite et tous nous constatons son insuffisance, en regrettant qu'elle ne soit pas dans des proportions doubles de largeur.

Nous pourrions citer des travaux exécutés à une époque plus récente. À peine sont-ils terminés et déjà nous entrevoyons qu'ils ont été entrepris dans des conditions trop restreintes.

Jetez un coup-d'œil sur le passé, mesurez la marche ascendante de notre industrie, calculez l'augmentation rapide de notre population, comparez le développement des rues, des constructions et des manufactures depuis un siècle, vous pourrez alors apprécier les prévisions qu'exige l'avenir et vous comprendrez que ce qui paraît dans de trop grandes dimensions maintenant suffira à peine plus tard. L'expérience et la foi dans les destinées de notre cité nous commandaient donc d'entreprendre la construction d'un nouvel hôtel-de-ville dans de grandes proportions.

La mairie, Messieurs, n'est pas la résidence d'un fonctionnaire public ; la loi interdit aux maires de l'habiter, parce que l'hôtel-de-ville, c'est la *maison commune,* c'est-à-dire, le palais de tous les habitants d'une ville. C'est là que viennent s'accomplir les actes les plus solennels de la vie ; c'est là que sont déposés les titres les plus précieux de la famille, que les intérêts les plus graves sont agités et discutés.

Si l'hôtel-de-ville n'est plus comme autrefois l'un des symboles des libertés bourgeoises, s'il n'est plus destiné à rappeler le patriotisme de nos aïeux et les peines que leur a coûtées le long et laborieux enfantement des immunités communales, du moins il est encore le symbole de l'ordre et de la protection, et il est plus qu'autrefois le palais de tous.

Nous avons choisi le jour de la fête de Sa Majesté l'Empereur pour poser la première pierre de ce monument, afin de rappeler aux âges futurs l'immense développement de notre cité sous le règne de Napoléon III, qui, après avoir rendu à la France sa grandeur et le respect de toutes les nations, sait consolider sa prospérité par la paix.

Unissons nos voix à celles qui retentissent aujourd'hui jusque dans les plus humbles hameaux de notre beau pays, et répétons ce cri patriotique : Vive l'Empereur !

PROCÈS-VERBAL.

Sous le Règne de **NAPOLÉON III**,

EMPEREUR DES FRANÇAIS,

Et la quatorzième Année de son Règne.

S. Exc. M. le marquis de La Valette, Sénateur, Grand'Croix de la Légion-d'Honneur, étant Ministre de l'Intérieur ;

M. Léon Mouzard-Sencier, Commandeur de l'Ordre Impérial de la Légion-d'Honneur, étant Préfet du Nord ; M. Camille de la Jonquière, Chevalier de la Légion-d'Honneur, étant Secrétaire Général de la Préfecture :

MM. Edouard Defontaine, Chevalier de l'Ordre Impérial de la Légion-d'Honneur, etc., ancien Président du Tribunal civil de Lille, propriétaire à Marquette, et Jules Leurent, docteur en médecine, conseiller municipal et négociant à Tourcoing, étant membres du Conseil Général du département pour les deux cantons Nord et Sud de Tourcoing ;

MM. Roussel-Defontaine, Chevalier de l'Ordre Impérial de la Légion-d'Honneur, négociant et Maire de la ville de Tourcoing, et Ducrocq, Notaire et Maire de Marcq-en-Barœul, étant membres du Conseil d'Arrondissement de Lille pour les deux cantons Nord et Sud de Tourcoing ;

M. Roussel-Defontaine, Chevalier de l'Ordre Impérial de la Légion-d'Honneur, étant Maire de la ville de Tourcoing ; MM. Jules Leblan, Désiré Debuchy et Victor Dervaux, étant adjoints ;

Le Conseil municipal ayant pour membres : MM. André Delahaye, notaire ; Jules Leblan, filateur, adjoint ; Roussel-Defontaine, négociant, maire ; Auguste Delmasure, fabricant ; Desurmont-Desurmont, négociant ; Désiré Debuchy, filateur, adjoint ; Duvillier-Delattre, fabricant ; Philippe Motte, propriétaire ; Ernest Masurel, négociant ; Ch. Meurillon, banquier ; Flipo-Van Oost, négociant ; Six-Lerouge, cultivateur ; Edouard Flipo, fabricant ; Félix Lepoutre, filateur ; Caulliez-Cateaux, négociant ; Herbaux-Tibeauts, négociant ; Edouard Monnier, filateur ; Lorthiois-Desplanques, filateur ; Jourdain-Defontaine, fabricant ; Victor Dervaux, propriétaire, adjoint ; Charles Wattinne, propriétaire ; Taffin, brasseur ; Plouvier, cultivateur ; Hassebroucq, notaire honoraire ; Louis Vandebeulque, cultivateur ; Darras-Lemaire, filateur ; Leurent, docteur en médecine ; Leserre, négociant ; Louis Destombes, propriétaire ; Pouchain, propriétaire ;

Il a été, l'an mil huit cent soixante-six, le quinze août, jour de la fête de l'Empereur,

Procédé à la pose de la première pierre du nouvel hôtel-de-ville à ériger, à Tourcoing, sur la place de l'Hôtel-de-Ville, d'après les plans et projets et sous la direction de M. Charles Maillard, architecte de la ville, M. Deleporte étant entrepreneur des travaux, adjugés le quinze janvier mil huit cent soixante-six.

Dans sa séance extraordinaire du trois juin mil huit cent soixante-trois, le Conseil municipal, sur la proposition de l'administration municipale, a adopté les plans et projets des travaux et a créé les ressources pour leur exécution.

Étaient alors membres de l'administration municipale : MM. Roussel-Defontaine, maire ; Jules Leblan et Louis Bernard, adjoints ;

Étaient alors membres du Conseil municipal : MM. Roussel-Defontaine, négociant, maire ; Jules Leblan, filateur, adjoint ; Louis Bernard, filateur, adjoint ; Louis Vandebeulque, cultivateur ; Plouvier, cultivateur ; Jourdain-Defontaine, fabricant ; Caulliez-

CATEAUX, négociant; CH. MEURILLON, banquier; HOUZET, proprié-
taire; HENRI DESURMONT, filateur; AUGUSTE DELMASURE, fabricant,
PHILIPPE MOTTE, filateur; DEBISSCHOP, négociant; LESERRE, filateur;
DARRAS-LEMAIRE, filateur; LORTHIOIS-DESPLANQUES, filateur; JOIRE,
banquier; DUVILLIER-DURIEZ, filateur; DELAHAYE, notaire; HERBAUX-
TIBEAUTS, filateur; HASSEBROUCQ, notaire; LALOY, fabricant; DESUR-
MONT-DESURMONT, négociant; POLLET, docteur en médecine; SIX-
LEROUGE, cultivateur; LEURENT, docteur en médecine, conseiller
général.

La pierre a été posée dans le pilier qui sépare la loge du con-
cierge de la descente des voitures.

Le présent procès-verbal de l'opération a été renfermé dans une
boîte en plomb, avec une pièce de chacun des types en or, en
argent et en bronze, à l'effigie de l'Empereur, actuellement en
usage dans le système monétaire de la France et dont la nomencla-
ture suit : Pièces en or, vingt francs, dix francs, cinq francs; Pièces
en argent, cinq francs, deux francs, un franc, cinquante centimes, vingt centimes; Pièces en bronze, dix centimes, cinq centimes, deux centimes, un centime.

Fait à Tourcoing, ledit jour, quinze août mil huit cent soixante-
six.

Le Maire de Tourcoing,

Signé : ROUSSEL-DEFONTAINE.

Tourcoing, imprimerie de J. Mathon.